Lb 56
987

L'EMPIRE DU RHIN

ET LE

RÉTABLISSEMENT DE LA POLOGNE

PARIS, IMPRIMERIE BAILLY, DIVRY ET COMP^e,
Rue Notre-Dame des Champs, 49.

L'EMPIRE DU RHIN

ET LE

RÉTABLISSEMENT DE LA POLOGNE

OU DES

CONDITIONS DE L'ÉQUILIBRE EUROPÉEN

PAR

PIERRE MANCEL, DE BACILLY

Non ignara mali miseris succurrere disco.

VIRG.

————————

PARIS

E. DENTU, ÉDITEUR

PALAIS-ROYAL, 13, GALERIE D'ORLÉANS

1860

A LA MÉMOIRE

DE KOSCIUSKO ET D'O'CONNELL

Ombres de Kosciusko et d'O'Connell, animez d'un souffle divin les descendants des légions héroïques et des peuples fidèles qui ont suivi vos drapeaux !

CHAPITRE I

I

Jetez les yeux sur la carte de l'Europe : tirez deux lignes diagonales, l'une du Nord-Ouest au Sud-Est, et l'autre du Sud-Ouest
au Nord-Est. A l'extrémité de la première, au Nord-Ouest, le
royaume des Iles Britanniques ; au Sud-Est, la Grèce et les îles
de l'Archipel.

Ces deux peuples, qui vivent aux deux pôles opposés, repré-
sentent deux races et deux civilisations diverses. La race anglo-
saxonne n'a qu'un point de ressemblance avec les descendants des
anciens Grecs, c'est le génie commercial et maritime. Langue,
mœurs, traditions, caractère, rien ne peut se comparer entre ces
deux peuples, dont l'un remonte à la conquête de Guillaume le
Conquérant, et l'autre retrouve ses légendes et son histoire dans
les plus grands poëtes et les plus brillants écrivains de l'antiquité.

Il y a un mélange de races dans la nation anglaise. Les Grecs
modernes ont subi, pendant quatre siècles, la domination turque ;
mais, si la barbarie ottomane s'est montrée cruelle envers les
vaincus, jamais le mélange des races n'est venu altérer le type
primitif des Grecs. Les fils sont ce qu'étaient les pères, intelli-
gents, rusés, entreprenants jusqu'à l'audace.

La domination étrangère n'a pas la puissance de civiliser,

quand elle n'est que l'expression de la force ; l'intelligence seule peut élever un peuple vaincu. Le Turc n'est pas né pour civiliser. Si les Grecs avaient conquis la Turquie, au lieu de subir le joug des sectateurs de Mahomet, l'Orient serait peut-être encore la lumière du monde, comme il a été le berceau et le foyer de la civilisation antique.

Examinez les deux peuples qui habitent les contrées extrêmes de la ligne du Sud-Ouest et du Nord-Est : deux races magnifiques, dont l'une a couvert le monde de ses flottes et porté la civilisation jusque dans le Nouveau-Monde. L'Espagne, race fière et haute, est restée, entre ses montagnes et la mer, à peu près inaccessible au mouvement violent des révolutions religieuses dont presque toute l'Europe a été le foyer depuis trois siècles. Sa langue, sa foi, ses mœurs, ses traditions, son caractère loyal et chevaleresque, en font un peuple à part ; peuple de géants, qui n'attend qu'une main ferme et divinement inspirée pour reprendre dans le monde le rang qui appartient à une race de héros. Le sang arabe s'est mêlé au sang espagnol ; le temps et les croyances religieuses n'ont laissé de la domination des Maures qu'un souvenir chevaleresque et les splendeurs de l'Alhambra.

A l'extrémité Nord-Est, l'empire des Moscovites est venu asseoir la capitale de la Russie sur les bords de la Néva. La race tartare relie l'Asie à l'Europe, comme la race espagnole relie l'Afrique au vieux continent. La race russe, plus jeune et plus entreprenante, se montre, au dix-neuvième siècle, ce que l'Espagne fut quand elle eut découvert l'Amérique. Le génie espagnol eut l'ambition de la monarchie universelle ; le soleil ne se couchait pas sur ses Etats. Les rôles sont changés, Pierre le Grand a tracé à ses successeurs la route de la domination européenne, sans renoncer à l'empire asiatique, berceau de la dynastie.

Les peuples ont leur jeunesse, leur maturité et leur décadence. Le peuple russe ne compte en Europe que depuis Pierre le Grand. Or, depuis 1703, que ce souverain a choisi les marais de la Néva pour y bâtir la capitale de ses Etats, à quelques lieues du golfe de Finlande, aucune puissance ne peut comparer son développement avec celui de cet empire (1).

(1) *L'auteur de ce travail avait déjà fait cette remarque dans la* brochure qu'il publia, en 1856, sous le titre : LA PAIX EST-ELLE POSSIBLE? PAR UN

Dans la pensée du fondateur de cette vaste cité, Saint-Péters-bourg n'est point à l'extrémité de l'empire russe. La Néva se jette dans le golfe de Finlande, qui communique à la Baltique. Mais personne n'ignore les prétentions des successeurs des Romanoff sur le retour du Danemark à la Russie ; les papiers publics l'ont répété à satiété, à propos des difficultés du Danemark avec les duchés du Sleswig et du Holstein. Dans cette hypothèse, la Russie a la clef de la Baltique, comme Odessa et Sébastopol lui donnent la domination de la mer Noire, à l'autre extrémité de son empire. On comprend son intérêt à maintenir les duchés sous la domina-tion danoise ; Kiel peut devenir le Sébastopol du Nord, et faire ainsi de la Baltique un lac russe. Le jour où ces projets seront réalisés, c'en est fait de la Scandinavie tout entière. La Suède et la Norvége, prises à revers par cette main puissante qui écrase tout ce qu'elle touche, disparaissent de la liste des nations et font fatalement partie de l'empire moscovite.

II

Au point d'intersection des deux lignes diagonales que nous avons tracées sur la carte de l'Europe, se trouve une vaste contrée, composée de trente-six Etats, sans CHEF, sans CAPITALE, sans autre centre qu'une ville de marchands où siége une Diète char-gée de concilier tous les intérêts, mais aussi incapble de diriger, qu'un corps à trente-six têtes est incapable de penser. Cette con-trée, qui compte plus de quarante millions d'habitants, qui forme le centre de gravité de toute l'Europe, et qui est l'axe autour du-quel pivotent tous les autres Etats, cette contrée restera-t-elle ce qu'elle est ? Il suffit d'écouter les vœux et le cri à peu près una-nime des Allemands pour comprendre qu'ils sentent admirable-ment l'impuissance relative de la PATRIE ALLEMANDE. L'Alle-magne ! Qu'est-ce que l'Allemagne ? Où est l'Allemagne ? *Il y a*

AMBASSADEUR *en non activité* (in-8°, 2ᵉ édit., p. 7). L'Empereur Napo-léon III daigna faire remercier l'auteur de cette brochure par lettre du 31 janvier 1856.

des Allemands, disent les habitants du pays dont nous parlons, IL N'Y A PAS D'ALLEMAGNE. En effet, écoutez les Allemands eux-mêmes : que disent-ils dans tous les cercles, dans toutes les classes? Il y a des Badois, des Prussiens, des Hessois, des Hanovriens, des Saxons, des Bavarois, des Autrichiens, etc., qui n'ont de commun que la langue, et la haine, qu'ils ne prennent pas la peine de dissimuler, les uns pour les autres. La rivalité des deux grands Etats qui aspirent à la domination de la PATRIE ALLEMANDE, la Prusse et l'Autriche, est précisément la cause de la faiblesse de l'Allemagne. Les petits Etats, qui sont, chacun suivant ses craintes ou ses sympathies, les satellites de l'Autriche ou de la Prusse, ne vivent que d'une vie factice. La peur est le mobile de leur action politique bien plus que le patriotisme ; on l'a vu au commencement de la guerre d'Italie. Le Hanovre, éminemment protestant, mais voisin de la Prusse, dont il redoute l'ambition mal dissimulée, le Hanovre propose à la Diète Germanique de voler au secours de l'Autriche catholique pour maintenir le royaume Lombard-Vénitien sous le sceptre de François-Joseph ; la Prusse combat cette proposition et la fait rejeter.

Rien n'unit ces populations, que de petites rivalités de gouvernement, que de mesquines jalousies princières éloignent les unes des autres. Quand le jour du danger arrive, la Confédération s'agite sous l'impuissante et mobile direction d'une Diète qui a autant de volontés que de têtes et qui, faute d'UNITÉ dans l'impulsion et le commandement, paralyse des forces précieuses, dont un homme de génie, et surtout d'un caractère ferme, doublerait la puissance en présence de l'ennemi. Le contingent de la Confédération s'élève à plus de trois cent mille hommes. Ce sont cinq corps d'armée d'une puissance respectable. Qui commandera ces hommes au jour du combat? Est-ce que le Bavarois voudra obéir au Badois? le Prussien marchera-t-il volontiers sous les ordres d'un général saxon? le Hanovrien n'éprouvera-t-il aucune antipathie pour exécuter le commandement d'un Prussien ou d'un Wurtembourgeois? Ces tiraillements sont la perte des armées et compromettent le sort des batailles! L'histoire en dit trop sur ce point pour que nous insistions davantage.

Si on considère cette ORGANISATION FÉDÉRALE au point de vue

économique, les plaintes des populations sont encore plus vives! Trente-six gouvernements, disent les peuples, ce sont trente-six cours dont il faut entretenir le faste; ce sont cent à cent vingt ministres dont il faut payer le traitement; ce sont trente-six princes et trente-six états-majors qu'il faut loger et dont la liste civile épuise les populations, sans compensation. Supposez, au contraire, UN SEUL PRINCE à la tête de l'Allemagne, une SEULE LISTE CIVILE, UN SEUL MINISTÈRE, UNE DIRECTION UNIQUE, tout y gagne en force, en grandeur, en dignité et en bien-être pour les peuples. Ainsi parlent les Allemands. Il faut le reconnaître, si la solution du problème est difficile, elle mérite un examen sérieux et provoquera de vives sympathies quand il s'agira du REMANIE-MENT GÉNÉRAL DE L'EUROPE, REMANIEMENT NÉCESSAIRE POUR LA PAIX DE L'EUROPE, comme nous espérons le démontrer dans la suite de ce travail. Mais n'anticipons pas.

III

La conscience des peuples attend de la justice des Souverains une réparation plus éclatante que l'affranchissement de l'Italie. Les traités de 1815, que la Russie et l'Angleterre ont signés, sont déchirés du consentement même de ces deux grandes puissances. Elles ont reconnu, par leur abstention, la légitimité de la guerre que l'Empereur Napoléon III a faite à l'Autriche, pour l'indépendance italienne. C'est le cas d'appliquer l'axiome : « *Qui tacet consentire videtur (qui se tait consent)*. » Un acte d'iniquité, qu'aucune expression ne pourrait rendre, a été commis, il y a bientôt un siècle : c'est le démembrement de la Pologne. La France, gouvernée alors par un roi qui avait tout perdu, même le sens moral, la France, sans direction, n'eut que des regrets stériles pour une ancienne alliée et une nation chevaleresque par excellence. Toujours à l'avant-garde quand il fallut repousser la barbarie orientale qui inondait l'Occident de ses armées, l'héroïque Pologne n'a recueilli pour tant de services rendus à la civilisation que le droit de dormir dans le silence du tombeau, sans pouvoir élever la voix contre les oppresseurs et les violences qui l'ont réduite à l'état de souvenir historique. Ce n'est même pas une *expression géographique* comme l'Italie, suivant le mot de triste célébrité du prince de Metternich, c'est un souvenir, une légende, rien de plus.

Dieu seul conduit les Rois. Il n'est donné à personne de pénétrer les secrets de la Providence. Au point de vue humain, le démembrement de la Pologne est une injustice révoltante. Est-ce un châtiment de Dieu infligé à des peuples rebelles à sa loi ou incapables de se gouverner? Les Polonais, race belliqueuse et chevaleresque, ont-ils abusé de leur autorité sur les peuples confiés à leurs soins et soumis à leur obéissance? Quand une oligarchie vaniteuse et énervée ne considère le pouvoir que comme un instrument de fortune et de volupté, au lieu de ne l'exercer que comme l'accomplissement d'un devoir, le châtiment ne se fait pas attendre. Dieu retire sa main et l'échafaudage élevé par l'orgueil et la convoitise des grands tombe comme par enchantement, soit au premier souffle populaire, soit au premier choc d'un monarque inique dont la Providence se sert pour exercer sa justice ici-bas. Ainsi parle l'histoire, non de la Pologne, mais du monde entier.

Si au contraire la conscience des peuples, en protestant contre un démembrement que rien ne justifie, si ce n'est l'ambition des spoliateurs, si, par hasard, ce cri de réprobation de l'Europe était le *vox populi, vox Dei (la voix du peuple est la voix de Dieu)*, il ne faudrait pas désespérer du triomphe de la justice. La justice est la fille de Dieu. (*Patiens quia æterna*), elle est patiente, mais elle triomphe tôt ou tard pour confondre les méchants, encourager les bons, rassurer les timides. La Pologne n'a entendu son arrêt de mort que de la bouche de ceux qui sont intéressés à conserver sa succession. Les temps ne sont plus où la Prusse, la Russie et l'Autriche pouvaient, en présence du reste de l'Europe, commettre impunément une iniquité, que l'impuissance ou la corruption des autres cours couvrait d'un coupable et honteux silence. Les temps ne sont plus où une Catherine de Russie pouvait, par un simple Ukase, déclarer province de l'empire Russe, deux ou trois provinces de l'empire Turc. Quoique ce *Monsieur* soit bien malade, la Guerre de Crimée a prouvé que de bons *médecins* pouvaient encore prolonger sa vie de quelques années.

Nous croyons que jamais moment ne fut plus favorable pour le Rétablissement de la Pologne. C'est une condition d'équilibre européen ; nous dirons, dans un instant, pourquoi.

IV

La révolution de 1848 a été pour toute l'Europe une terrible leçon. L'Autriche et la Prusse, qui ont la prétention de marcher à la tête des pays allemands, en ont-elles fait leur profit? il faut le supposer. Quoi qu'il en soit, la Hongrie n'a point demandé de réformes à l'Autriche, elle a pris les armes pour recouvrer son indépendance. C'est à Nicolas Ier que l'Autriche doit d'avoir conservé la Hongrie. Qu'arriverait-il, après l'affranchissement de l'Italie, si Polonais et Hongrois demandaient à l'Europe de reprendre dans le monde politique la place que leurs Pères y occupèrent avec tant d'éclat? Les services des ancêtres seraient-ils méconnus aux yeux des contemporains? La Prusse qui s'indigne de voir les Italiens sous le joug de l'Autriche ; la Prusse qui aspire à l'honneur de représenter la liberté en Allemagne ; la Prusse trouverait-elle que le joug de l'Autriche est plus doux aux Hongrois qu'aux Italiens, et que la main de la Russie est plus tendre pour les Polonais que le sceptre des Jaghellons ? ce n'est pas supposable. Nous signalons les difficultés de la situation.

Si la liberté est chère aux peuples, l'indépendance est encore plus précieuse à leurs yeux.

Un peuple qui n'est pas libre n'a que la vie d'un lion dans une cage ; un peuple qui n'a pas l'indépendance n'est pas plus un peuple qu'un esclave n'est un maître. Quand le peuple vit sous un despote, le despote est quelquefois capricieux : dans ses moments de bonne humeur il peut faire de son peuple ce qu'on fait d'un lion apprivoisé, on relâche un peu la chaîne ; mais un peuple soumis à un autre peuple. qu'est-ce, si ce n'est un anéantissement complet de la langue, des mœurs, des croyances ; un effacement absolu de tout ce qui rappelle le caractère national ; une mort lente, progressive, semblable à ces fleuves qui disparaissent dans les sables avant de perdre leur nom dans l'Océan. La Russie et l'Autriche, malgré leurs efforts, n'ont pu complétement anéantir les deux grands noms que nous venons de rappeler. La Pologne et la Hongrie ont leur place sur la carte de l'Europe. Les Polonais et les Hongrois vivent dans la sympathie des peuples.

V

Si la sympathie est acquise à la Pologne et à la Hongrie, il n'en est pas de même de la Turquie d'Europe. Quand on examine la carte de l'Europe, on est frappé d'un sentiment indescriptible à la vue de ces belles provinces que parcourt le Danube. On se demande comment, depuis quatre cents ans, l'Europe chrétienne a pu tolérer le *Campement* de ces races barbares que la conquête a vomies sur les rives du Bosphore? La Turquie, dit-on, est nécessaire à l'équilibre de l'Europe. La Turquie nécessaire à l'équilibre Européen! de sorte que, si, par malheur, il n'y avait plus de Turcs en ce monde, l'Europe serait en danger de périr par une conflagration générale! En vérité, la diplomatie est assurément capable de grande merveille. Mais on se demande, en conservant pour elle tout le respect qu'elle mérite, s'il ne serait pas possible d'affranchir les Principautés de la Suzeraineté de la Sublime-Porte, et de faire pour la Moldavie, la Valachie, la Bulgarie, la Servie, etc., ce qu'on a fait pour la Grèce! Quel mal y aurait-il à prier le Turc de repasser de l'autre côté du Bosphore?

Que si, par hasard, il ne s'exécutait pas de bonne grâce, ce qui pourrait fort bien arriver, quelle injustice y aurait-il à le repousser les armes à la main dans la Turquie d'Asie? N'est-ce pas une honte pour l'Europe chrétienne de voir Sainte-Sophie convertie en mosquée? Les provinces Danubiennes, les provinces Turques, peuvent secouer le joug du Sultan sans que l'Europe ait le droit de les blâmer. La Croix ne relève pas du Croissant. Assurément l'Autriche est intéressée à ne point avoir à ses portes des États révolutionnaires, mais pourquoi s'opposerait-on à l'indépendance des populations chrétiennes qui subissent le joug odieux d'un peuple barbare? Le replâtrage politique ne vaut pas mieux que le replâtrage des maisons. Quand une maison menace ruine, il faut la raser et rebâtir à neuf. C'est l'histoire de la Turquie d'Europe. La Turquie d'Europe est un non sens au XIX° siècle. Elle est un danger véritable pour la paix du monde ; la guerre de Crimée l'a prouvé, parce que la Russie aura toujours un prétexte pour marcher sur Constantinople, tant que ces peuples chrétiens sur lesquels règne le Sultan ne seront pas affranchis de cette administration tracassière et dissipatrice d'un gouvernement qui ne comprend ni les besoins, ni les mœurs, ni la foi de ses sujets. On fait de la Turquie une Condition d'équilibre européen ; le rétablissement de la Pologne est bien autrement nécessaire à l'équilibre de l'Europe, nous espérons le démontrer en suivant l'ordre de nos idées.

VI

Quand on examine la configuration de la carte de l'Europe, on est frappé de la position de la France. Assise entre l'Océan et la Méditerranée, appuyée à droite sur l'Espagne, ayant à sa gauche les Pays-Bas, séparée de l'Angleterre par un bras de mer, touchant à l'Italie et aux États allemands, elle exerce son influence sur tous les peuples, sans effort, naturellement, comme si la Providence l'avait chargée du gouvernement du monde. La douceur de son climat, la beauté de ses sites, la richesse de son sol, des côtes admirablement découpées et couvertes des plus beaux ports du monde, le caractère loyal et généreux de ses habitants, tout exerce sur l'étranger qui visite la France une impression ineffaçable. La France est la tête et l'épée de l'Europe. Quand un peuple opprimé veut briser ses chaînes, vers quelle nation tourne-t-il ses regards? vers la France. L'Angleterre est un asile pour les victimes des révolutions. Là se borne son influence. Jamais l'Italie, dans ses mauvais jours, n'a compté sur l'épée de l'Angleterre : une flotte peut détruire un port, anéantir une marine, mais un peuple n'est pas libre parce que son gouvernement a perdu sa marine ou ses arsenaux. Jamais la Hongrie et la

Pologne n'ont espéré que l'Angleterre leur rendrait leur indépendance. C'est à la France, et à la France seule, que ces deux peuples, surtout la Pologne, ont demandé et ne cessent de demander cet affranchissement légitime que la persévérance de l'Italie a obtenu, à la face de l'Europe, sans qu'il soit désormais possible à l'Autriche de rétablir une domination que le temps, *les Souverains et les Peuples* ont condamnée. Les traités de 1815 sont anéantis. Les puissances signataires de ces traités, l'Angleterre et la Russie l'on reconnu par leur neutralité. Voyons cependant ce que valent des traités politiques.

CHAPITRE II

DES TRAITÉS POLITIQUES.

I

Un traité politique est un contrat, entre deux ou plusieurs nations, ayant pour but de régler définitivement certaines contesta-
tions, ou de prévenir certaines difficultés que les circonstances
pourraient produire.

Qu'un contrat soit politique ou qu'il soit purement civil, la
partie intégrante, efficiente du contrat, comme disent les juristes
et les publicistes, est nécessairement la même. Pas de LIBERTÉ,
pas de CONSENTEMENT, pas de CONTRAT. La signature mise au bas
d'un traité ou d'un contrat n'est pas une certitude absolue de la
valeur du contrat. C'est une présomption légale jusqu'à preuve
contraire, mais rien de plus. Le contrat le plus saint dans la vie
humaine, le contrat de mariage, n'est valable qu'autant qu'il y
a consentement, c'est-à-dire *liberté complète des parties*. Une
jeune fille signe un contrat sous une *menace de mort;* elle fait la
preuve plus tard qu'elle n'a cédé qu'à cette crainte, il n'y a pas
un seul tribunal *civil* ou *ecclésiastique* en Europe qui n'annulât
un pareil contrat. Le mariage serait dissous, comme ayant été
contracté sans consentement. Or, nous le répétons, pas de *liberté*,
pas de *consentement*. La justice politique ne diffère en rien de
la justice civile. Un vol à main armée ne légitime pas plus l'ac-

2

tion d'un souverain, que le vol commis sur un grand chemin par un brigand ne légitime la spoliation du voyageur qu'il a assassiné ou volé.

Mais, de même qu'il intervient des transactions entre des particuliers pour terminer un procès, de même aussi il intervient entre des nations des traités pour terminer une guerre ou bien pour la prévenir. Là encore, dans les transactions comme dans les traités politiques, le CARACTÈRE DIVIN de la justice ne disparaît pas. Pas de *liberté*, pas de *transaction* : pas de *liberté*, pas de *traité politique valable*, autrement la force, ULTIMA RATIO, devient la reine du monde, et l'ASSASSINAT POLITIQUE est LÉGITIMÉ.

Les traités de 1815 et les traités qui ont déclaré le démembrement de la Pologne entre la Russie, l'Autriche et la Prusse, portent-ils ce caractère de justice tel que nous venons de le définir? La France aurait-elle signé les traités de 1815, qui la faisaient plus petite qu'avant 1789, si elle avait eu la *liberté du consentement*? Qui oserait le dire? L'Italie aurait-elle accepté le joug de l'Autriche, si elle avait été consultée? La Belgique aurait-elle accepté la domination hollandaise, si elle avait été interrogée? La révolution de septembre 1830 nous dispense de toute réflexion. La Hongrie a-t-elle demandé à passer sous le joug de l'Autriche? La révolution de 1848 est là pour répondre. Le Milanais se serait-il révolté également en 1848, s'il s'était trouvé heureux sous le sceptre de la maison de Habsbourg? A quelle époque l'Irlande a-t-elle demandé à se joindre à l'Angleterre?

Il n'y a qu'un cas où la conquête devient légitime; c'est lorsque le peuple conquis s'assimile au peuple conquérant, et s'identifie tellement avec le vainqueur qu'il y a fusion entre les deux populations. L'Alsace, la Franche-Comté, les Flandres, La Lorraine, conquises sous Louis XIV et sous Louis XV, pouvaient songer, dans la grande révolution de 1789, à reconquérir leur indépendance. Les sollicitations des anciens maîtres n'ont pas manqué. Jamais les ennemis de la France n'ont eu de plus valeureux adversaires que les soldats et les citoyens de ces provinces frontières. Le siége de Lille, soutenu vaillamment par les habitants, doit rappeler à l'Autriche, si par malheur elle l'oubliait, qu'un mariage avec la France est indissoluble, même quand il est fait sans *consentement;* le temps le légitime. Mais lorsqu'il y a RÉSISTANCE PERMANENTE DU VAINCU CONTRE LE VAINQUEUR, l'oppression est manifeste. Le sang des victimes crie vengeance ; le jour de la justice doit venir. La Grèce sous la Turquie, les Principautés sous l'Empire ottoman, la Belgique sous le régime hollandais, l'Irlande sous le gouvernement anglais, la Pologne sous le sceptre de la Russie, l'Italie sous la domination autrichienne, la Hongrie sous la maison de Habsbourg, tous ces peuples ont-ils ACCEPTÉ OU SUBI le joug ? La discussion est inutile.

Nous avons parlé jusqu'ici des peuples civilisés, c'est à-dire chrétiens ; un mot des peuples barbares.

II

La guerre d'Italie a soulevé contre la France des récriminations puériles, qu'un publiciste de quelque valeur n'invoquera jamais. La conquête de l'Algérie, dernier honneur de la maison de Bourbon, a été l'affranchissement de la Barbarie. Les peuples chrétiens étaient soumis à payer aux Deys d'Alger un tribut contre lequel avaient vainement protesté tous les souverains ; tous les princes chrétiens de l'Europe, l'Angleterre exceptée, félicitèrent le roi de France. Charles X, dans son exil, a pu reporter avec orgueil son souvenir sur cette brillante armée et cette valeureuse marine, dont le courage et les efforts combinés avaient rendu à la civilisation la terre où reposent les restes de saint Louis. L'Afrique redeviendra chrétienne avec le temps ; les cendres de saint Augustin ranimeront cette foi antique, que le génie oppresseur de Mahomet a couvert, pendant des siècles, d'un nuage épais. Les Indes ont reçu les missionnaires catholiques et les prédicants anglais ; il y a en Chine un COUVENT RUSSE, au centre même du Céleste Empire. Pourquoi l'Afrique resterait-t-elle fermée aux bienfaits de la civilisation ? La foi chrétienne a seule le privilége de civiliser, et, de l'aveu même des écrivains anglais, les plus compétents parce qu'ils ont écrit sur les lieux, les missions catholiques sont les seules qui produisent des fruits durables et abondants. La Chine, la Cochinchine, ouvertes tout récemment au christianisme, avec le concours de la France et de l'Angleterre, béniront un jour la mémoire des soldats et des marins des deux grands peuples qui sont morts pour cette noble cause. Quand Dieu protége de pareilles entreprises, les hommes n'ont pas le droit de les maudire ; c'est le règne de la justice qui commence.

L'état actuel de l'Europe demande une RÉVISION COMPLÈTE des traités, depuis les traités de Westphalie. La guerre d'Italie a agrandi la route et achevé de détruire les traités de 1815, traités funestes au repos de l'Europe, puisque, depuis cette époque, l'ESPRIT D'INDÉPENDANCE n'a pas cessé d'agiter les peuples et d'inquiéter les souverains.

Mais comment se fera cette révision, ou mieux comment peut s'établir l'ÉQUILIBRE EUROPÉEN suivant les lois de la justice ? C'est ce que nous allons examiner.

III

Le malheur des temps modernes, c'est l'esprit révolutionnaire ; le génie fatal à la liberté comme à l'indépendance des peuples, c'est le génie démocratique. Ennemi né de toute supériorité intellectuelle, morale ou sociale ; jaloux, haineux, incapable de grandes conceptions, plus incapable encore de nobles résolutions, l'esprit démocratique n'a qu'une puissance négative, c'est-à-dire une puissance de destruction. Les temps anciens et les temps modernes justifient historiquement ce caractère des sociétés en décadence. C'est la lèpre de l'Europe, comme il fut la lèpre des petites républiques de la Grèce, comme il a été la maladie mortelle des républiques italiennes, comme il est, de nos jours, la cause réelle du despotisme qui pèse sur certaines contrées de l'Europe. Il a servi la colère ou la haine des Souverains contre les peuples soumis violemment à leur domination. Mais, il faut le reconnaître, dans le duel à mort que se sont livré depuis soixante et dix ans l'Autorité et la Démocratie, les démocrates ont été les instruments d'oppression des souverains, et, par une fatale mais logique réciprocité, les souverains ont donné des prétextes aux agitateurs, qui n'ont cessé de remuer l'Europe au NOM DE LA LIBERTÉ et DE L'INDÉPENDANCE des peuples.

La liberté est naturelle à l'homme, c'est un don de Dieu ; l'égalité n'existe nulle part, excepté dans le cerveau des fous. On enferme les fous, on les guérit si on peut, mais on ne discute pas avec eux. Qu'un homme de cœur préfère la mort à la servitude, c'est ce qui s'est vu chez tous les peuples et à toutes les époques. Les peuples libres sont capables de grandes entreprises. Cet esprit de liberté, passion des âmes fières et élevées, fait la force des nations et des gouvernements. Mais la liberté n'existe pas où il n'y a pas d'indépendance. Il faut qu'un peuple s'appartienne à lui-même, qu'il sente vibrer à tous les instants la fibre nationale. Quand il tombe sous la domination d'un autre peuple, ce n'est plus qu'un captif dans les chaînes. Plus de mouvement, plus de vie, car la liberté, qu'est-ce autre chose que la vie dans toute sa plénitude et dans toutes ses aspirations ? L'Ecriture Sainte nous en a conservé un monument admirable et symbolique dans la captivité des Juifs à Babylone. Les habitants de cette reine de l'Orient demandaient aux Israélites de leur chanter ces hymnes nationaux que les patriarches avaient gravés dans l'arche sainte du temple de Jérusalem.

Le psalmiste reproduit la réponse des enfants d'Israël pleurant sur les bords du fleuve : « *Quomodo cantabimus canticum Domini in terra aliena? — Comment chanterions-nous les cantiques du Seigneur sur une terre étrangère?* » Comment, en effet, le proscrit, l'exilé, comment le peuple asservi, éloigné du foyer de ses pères ou condamné à vivre sous la domination d'un maître qui le traite en vaincu, comment ce peuple pourrait-il vivre de sa vie, chanter les chants de la patrie esclave? Un pareil état est contre nature. Une âme généreuse, un cœur ardent combattra et mourra plutôt que de subir une telle destinée. Je comprends les efforts de l'Italie pour secouer le joug étranger, quel que soit le dominateur. Je comprends la résistance de la Pologne, quels que soient ses maîtres. Il n'y a pas de crime au monde plus grand et plus irrémissible que le démembrement d'un peuple. C'est la mutilation d'un pays. Mieux vaut la mort qu'un tel état.

Cet esprit d'indépendance n'est pas plus l'esprit de révolution que l'esprit de liberté n'est l'esprit démocratique. Les Princes le savent à merveille. La démocratie, au service d'un souverain, est un modèle de servilité et d'obéissance passive ; elle marche sous le sceptre qui la gouverne avec la docilité d'un troupeau qui suit la houlette du berger. Il n'en est pas de même des partisans de la liberté. Obéissants sans servilité, dévoués sans bassesse, soumis au Souverain par cet esprit d'honneur et de conscience qui gouverne les âmes élevées, les hommes et les peuples qui aiment vraiment la liberté ont un dédain instinctif et profond pour cette égalité qui fait des serviteurs d'un prince, non une cour de gentilshommes et d'hommes libres, mais une maison de serviteurs qui ne se distinguent de la domesticité que par le costume. Si l'Italie conserve l'indépendance pour laquelle elle combat, si la Pologne sort du tombeau et reprend sa place au sein des nations, l'honneur n'en reviendra pas à l'esprit démocratique, mais au génie de la liberté, génie véritablement inspiré de Dieu, père de toute liberté.

CHAPITRE III

CONDITION D'ÉQUILIBRE EUROPÉEN.

I

Le peuple le plus intéressé au rétablissement complet de la
Pologne, c'est le peuple allemand. La France, en prêtant son
concours à cette grande et éclatante réparation, n'aurait, suivant
ses traditions, que les bénéfices de la gloire ; mais, en réalité, le
danger qui la menace n'est pas aussi imminent que pour l'Allemagne, et c'est fort heureux qu'il en soit ainsi : on demande
pour les autres avec plus de force et d'autorité que pour soi.
Mais ces contrées allemandes qui comptent plus de quarante
millions d'habitants sans centre gouvernemental, cette Confédération princière de petits états, ces populations flottantes qui ne
sont unies entre elles que par un lien fictif, que par une Diète
qui ne gouverne rien, est-ce un état normal, rassurant pour l'indépendance de ces populations? Elles ne le pensent pas ; elles le
disent tout haut, ce qu'il faut à l'Allemagne : c'est l'UNITÉ. Ce
ne sont pas trente-six chefs qu'il faut à ces petits royaumes, à ces
petits duchés, à ces petites principautés, c'est un SEUL et UNIQUE
souverain dirigeant tout, depuis Baden jusqu'à Kiel et depuis les
provinces du Rhin jusqu'aux limites de la Saxe royale, en pre-
nant pour capitale, une ville centrale, Francfort-sur-le-Mein,

par exemple, de manière à rayonner sur tous les points de l'empire avec une utile et importante célérité.

Dans cette combinaison très-simple, la Diète disparaît, le duché de Holstein fait partie intégrante de l'empire; Kiel forme un port de mer de marine militaire de première classe, ce qui constitue, avec une armée de terre, un empire de premier ordre, voisin de la France, sans danger pour elle, voisin de la Pologne qui lui sert d'avant-garde contre les tendances envahissantes de la Russie. Nous n'avons à nous occuper ici ni de la Prusse ni de l'Autriche. La Prusse n'est pas plus l'Allemagne que l'Autriche n'est l'Allemagne : ce sont seulement deux puissances rivales, mais dont la rivalité, nous le répétons, loin d'être une force pour les petits Etats et les populations qui en dépendent, est au contraire une cause d'affaiblissement, sans aucune garantie, de l'INDÉPENDANCE ALLEMANDE.

L'Allemagne divisée est sans force. L'Allemagne UNIE est une puissance de premier ordre. Les Etats secondaires qui la touchent : au nord la Scandinavie, au midi l'Italie, deux petits états neutres, les Pays-Bas et la Suisse, trouvent une garantie de plus d'indépendance dans l'ORGANISATION UNITAIRE DE L'ALLEMAGNE. Arrêtée sur ses frontières par vingt millions de Polonais, la Russie essaierait en vain de réaliser cette monarchie universelle que le génie créateur mais insatiable de Pierre le Grand a rêvée pour ses descendants. La civilisation russe vaut mieux que la civilisation des Turcs, mais elle est inférieure à la civilisation occidentale. La race tartare est plutôt *imitatrice* que *créatrice*. Elle n'a pas reçu de Dieu la mission d'éclairer le monde. Un peuple dans l'erreur, en matière de foi, ne saurait dominer en Europe sans bouleverser toutes les idées morales et politiques qui ont gouverné le monde moderne depuis Charlemagne.

Le développement d'un peuple jeune est dans la nature des choses. Il ne faut pas plus en vouloir à la Russie de s'agrandir aux dépens de ses voisins, qu'au lionceau de devenir lion, qu'à l'arbuste de devenir un arbre dont la ramure porte l'ombre sur la propriété d'un voisin. C'est une loi aussi vraie dans l'ordre moral que dans l'ordre physique, que celle qui préside au développement des êtres. Rien ne se forme ici-bas que par progression. L'homme, le plus parfait des êtres créés, est soumis à cette loi

admirable qui dérobe à la curiosité humaine et à la science le se-
cret de cette puissance créatrice dont Dieu seul est le maître.

Mais la loi de conservation dont tous les êtres sont doués leur
permet une défense naturelle. Il est permis de s'opposer aux em-
piétements d'un autre peuple, comme il est permis à un homme
de repousser l'attaque de son semblable. Que l'Allemagne y ré-
fléchisse! Le jour où la Russie posera un pied sur le Dannemark,
IL N'Y A PLUS D'ALLEMAGNE. Resserrée comme dans un étau par
cette main de géant, que devient l'Allemagne contre la pression
de la Russie? Qu'est-ce que l'aigle de Prusse contre l'aigle russe?
Un passereau contre un vautour. Il faudra périr fatalement. Le
Droit n'est qu'une abstraction, quand la Force n'est pas à ses côtés
pour le faire respecter. La Force sans le droit est une injustice,
c'est vrai ; mais le lion qui se lance sur un troupeau de moutons
ou de bœufs n'écoute que les instincts de sa nature. La soif des
conquêtes est inextinguible chez les peuples jeunes. Il n'y a qu'un
calmant salutaire contre cette épidémie redoutable, c'est la Force.
L'Allemagne peut avoir la force, mais à une SEULE CONDITION,
L'UNITÉ.

La Prusse et l'Autriche, qui se disputent la domination allemande, sont le centre de deux grandes scissions religieuses qui
divisent le pays. Les protestants sont en général pour la Prusse,
les catholiques universellement pour l'Autriche. Les petits États
protestants craignent plus l'ambition de la Prusse que les envahissements de l'Autriche. Il résulte de ce tiraillement, inhérent
à la nature des choses, un affaiblissement général de l'Allemagne dont tous les esprits sont frappés. C'est pour cela, nous
l'avons dit, que ces deux grandes puissances ne sont réellement
pas l'Allemagne. Les Prussiens veulent une PRUSSE AGRANDIE ;
le AUTRICHIENS NE LE VEULENT PAS.

Si jamais une tête ferme se levait au centre des contrées allemandes, si un homme de génie, capable de commander et d'ins-
pirer cette confiance sympathique qui groupe des peuples autour d'un grand nom, si un tel homme se rencontrait en Allemagne, l'UNITÉ serait fondée en dehors de la Prusse et de l'Autriche. Cet homme, l'Allemagne l'attend pour la sécurité de son
indépendance et l'avenir de ses destinées. Là est le salut de l'Allemagne.

II

L'affranchissement de l'Italie est la première marche de l'équilibre européen. Que l'Europe ne s'y trompe pas, tant que la Pologne aura une voix pour faire entendre le cri de l'oppression, il n'y a pas de repos et d'équilibre possibles.

La France de Louis XV a légué à la France du dix-neuvième siècle une tâche difficile. Cependant le problème n'est pas insoluble.

La France du premier empire ne se crut pas en état de rétablir la Pologne. Ce sera pour la mémoire de Napoléon Ier une tache ineffaçable que cet abandon des traditions d'un grand peuple dont il augmenta la gloire par tant de victoires. Grand capitaine, mais politique un peu violent, l'empereur Napoléon Ier, séduit par Alexandre Ier, se fit trop d'illusion sur l'alliance qu'il contracta avec le monarque de Russie.

Au lieu de caresser l'empereur de Russie et de s'ériger en Protecteur de la CONFÉDÉRATION DU RHIN, si Napoléon Ier avait donné à l'Allemagne cette UNITÉ vers laquelle elle aspire et qui est dans la nature des choses, il avait dans le puissant souverain, qui aurait dû régner sur les bords du Rhin, un allié sincère. La Prusse amoindrie, presque anéantie par cette combinaison, l'Autriche affaiblie devenaient sans doute les ennemies mortelles du nouveau royaume. Mais que serait-il arrivé? Le royaume du Rhin, allié avec Napoléon Ier, n'avait rien à redouter, ni de la Russie dont il aurait détaché la Pologne, ni de la Prusse, ni de l'Autriche. La *France*, LE NOUVEL EMPIRE *du Rhin* et la *Pologne* auraient bravé impunément la colère des *trois États qui s'étaient partagé la Pologne*. L'équilibre était rétabli ; la justice satisfaite.

La création de la CONFÉDÉRATION DU RHIN fut une faute politique que l'amour propre national ne pardonna jamais. Le titre de *Protecteur* de la CONFÉDÉRATION DU RHIN blessa l'orgueil des Allemands. La Prusse et l'Autriche le comprirent à merveille, et, en 1813, quand l'instinct national se réveilla, Napoléon Ier n'eut pas d'ennemis plus acharnés que les peuples qu'il avait ainsi groupés, par un titre fictif, sous son puissant mais blessant protectorat.

La France de 1830 fut impuissante pour la Pologne. Des sympathies, des vœux chaleureusement exprimés à chaque session des deux Chambres, voilà tout ce que la Pologne vaincue, en 1831, malgré une héroïque résistance, put obtenir du gouvernement de Juillet. Un parti ardent voulut entraîner le gouvernement de Louis-Philippe au secours de la Pologne; il est difficile de dire ce qui serait arrivé si une armée française eût marché résolument vers la Vistule. Les Pays-Bas étaient en insurrection; l'Italie s'agitait. L'Europe attendait avec une frémissante inquiétude le mot d'ordre de Paris, ce centre des grandes comme des violentes résolutions. Pendant dix-huit ans tout s'est borné à des protestations parlementaires, et la Révolution de 1848, malgré l'enthousiasme des chefs et d'un petit nombre de sectaires, s'est montrée aussi impuissante pour la patrie de Sobieski que la monarchie qu'elle venait de renverser.

Pour tout homme politique qui voit les choses avec calme, il en devait être ainsi. Quand une monarchie veut prendre place au sein des autres monarchies, elle doit subir la loi du monde au milieu duquel elle aspire à vivre. La position de Louis-Philippe était fausse à l'intérieur comme à l'extérieur. Issu d'une révolution plus oligarchique que populaire, il n'avait pas, aux yeux de l'Europe, le prestige de la légitimité, ni aux yeux de la France, le prestige de la popularité! Prince intelligent, capable de diriger un gouvernement paternel et libre, il fit consister sa gloire à laisser en paix les autres peuples, et se crut un roi utile à la France s'il parvenait à léguer le trône à sa dynastie. Ce fut une illusion complète. Il faut un peu de bruit à la France. Il y a une fibre nationale qui demande de temps à autre que l'Europe nous regarde faire et nous admire, même quand nous faisons des sottises. Tout prince qui comprendra cela peut conduire les Français où et comme il voudra. Il serait injuste de maudire la mémoire de Louis-Philippe parce qu'il ne comprit pas assez vite que la France veut toujours tenir la tête dans la course avec les autres nations : elle ne veut pas être distancée; elle ne tient ni aux hommes ni à l'argent, pourvu qu'elle gagne le prix. Louis-

Philippe se montra économe du sang humain. C'en est assez pour épargner sa mémoire : pour beaucoup, c'est suffisant pour la bénir.

III

La gloire de relever la Pologne est réservée aux armées combinées de la France, de l'Allemagne et de la Suède. Napoléon III, en s'alliant avec l'Allemagne du Rhin, est maître de la situation. Si l'Europe n'a jamais ratifié les traités qui asservissent la Pologne, la Suède n'a cédé qu'à la violence, en abandonnant la Finlande à la Russie. Alliée naturelle de la France, elle est aussi intéressée que l'Allemagne au rétablissement de la Pologne. Le roi de Danemark n'a pas d'héritier. La Suède, appelée par la force des choses et sa propre sécurité à former un jour un empire de quelque importance dans le nord de l'Europe, recueillera, si elle comprend la politique de la France, la succession du Danemarck, sous le nom de SCANDINAVIE. Ce royaume sera dans le Nord ce qu'est l'Espagne au Midi. Quelle puissance pourrait résister aux Polonais, aux allemands, aux suédois et aux français, combattant sous le même drapeau, pour la plus juste des causes ?

La Prusse ! mais la Prusse, bien qu'elle possède le duché de Posen d'origine polonaise, la Prusse exposerait-elle sa propre existence politique pour un duché, elle qui n'a pas voulu, dans la guerre d'Italie, voler au secours de l'Autriche, parce qu'elle a pensé qu'un gouvernement quelconque n'a pas le droit de supprimer une nationalité, en tout ou en partie ?

Ah ! dit-on, l'Autriche s'allierait à la Russie pour conserver *per fas et nefas* la Gallicie. Cette alliance, bien qu'invraisemblable, ne nous effraie pas. La Hongrie n'est pas si bien incorporée à l'Autriche que la maison de Hasbourg, pût, déjà affaiblie par la perte de la Lombardie, se livrer avec sécurité à la défense, même désespérée, d'un bien mal acquis. L'oppresseur a beau faire, il tremble malgré lui, il craint pour ses jours. La conscience de la justice double les forces de l'opprimé. En supposant l'alliance de l'Autriche et de la Russie, alliance douteuse nous le répétons, car l'Autriche redoute également la Russie, si le reste de l'Allemagne, fortement constitué par L'UNITÉ, agissait, la Pologne triompherait encore. Ce serait une cause européenne. C'est à ces conditions que la Pologne peut espérer légitimement de reprendre au sein des nations une place qui lui appartient :

Et par droit de conquête et par droit de naissance.

Que les allemands le comprennent bien, en abandonnant la cause polonaise ils abandonnent leur propre cause. AVANT UN SIÈCLE IL N'Y AURA PLUS D'ALLEMAGNE SI LA RUSSIE MET UN PIED EN DANEMARK. L'Allemagne, successivement affaiblie par ses divisions, périra comme la Pologne. La Grèce ancienne, pleine de rhéteurs et de sophistes, ne put échapper à la politique envahissante de Rome. Rome flatta les rivalités de ces petites républiques qui formaient une impuissante Fédération. Quand les Consuls déclarèrent, au nom de Rome, que la Grèce était réduite en province romaine, on cria à la perfidie, on pleura, mais le sacrifice était consommé ; l'oracle de Rome avait parlé, l'arrêt de mort était irrévocable. Ainsi périssent les empires !

IV

Dans sa visite aux Polonais, après son avénement au trône, Alexandre II disait aux nobles et aux bourgeois de Varsovie, en langue française : « NE RÊVEZ PAS. » Quoi ! vouloir vivre, c'est rêver !! Les mots auraient-ils perdu leur signification sur les bords de la Vistule ?

LE RÉTABLISSEMENT DE LA POLOGNE N'EST PAS UN RÊVE ; C'EST UNE NÉCESSITÉ POUR LE SALUT DE L'EUROPE. C'EST LA LOI DE L'É-QUILIBRE, c'est-à-dire de la justice humaine sous la protection de Dieu.

En politique, les faits sont pour les esprits attentifs la lumière qui doit les éclairer sur les intentions et les vues des souverains. La guerre de Crimée a ouvert les yeux du monde entier sur la politique russe. On avait parlé, depuis longtemps, du testament de Pierre le Grand ; Nicolas Ier, en marchant sur Constantinople, a révélé que les craintes des souverains n'étaient pas chimériques. Il a voulu la conquête de la Turquie d'Europe ; peu importe le mobile ou le motif. Eh bien ! ce qu'il n'a pu réaliser en 1854, le gouvernement russe le tentera au moment qu'il croira opportun. Un peuple jeune ne renonce pas à ses projets d'agrandissement ; il les ajourne, voilà tout.

Nous raisonnons, on le voit, non sur une hypothèse, mais sur un fait. Admettons que la Russie règne, à la place du Turc, à Constantinople ; prenez la carte, et voyez ce qu'il reste à faire au gouvernement russe pour régner en maître sur l'Allemagne en-tière ! Dans cette hypothèse, la Russie domine l'Adriatique.

Tirez une ligne de Banialouka, à l'extrémité de la Bosnie, der-nière province turque, la plus rapprochée de la Croatie ; condui-sez cette ligne parallèlement aux Montagnes qui longent l'Adria-tique et vont aboutir aux Alpes du Tyrol ; prolongez-là jusqu'aux montagnes de la Souabe ; que reste-t-il de l'Allemagne, resserrée entre cette extrémité et le port de Kiel, si jamais LA TURQUIE et LE DANEMARK APPARTENAIENT à la Russie ? LA RIVE GAUCHE DU RHIN !... Voilà l'Allemagne, telle que la laisserait la Russie, si ses projets s'accomplissaient.

La Prusse et l'Autriche, dit-on, ne s'opposeraient-elles pas à l'exécution d'un plan qui les anéantirait ? Objection puérile ! Com-ment une population de trente millions d'hommes repousserait-elle une invasion d'un peuple de soixante et dix millions ? VOILA LE RÊVE auquel a fait allusion, sans doute, l'empereur Alexan-dre II. Le mot serait prophétique : « NE RÊVEZ PAS ; » en d'au-tres termes, ne résistez pas, je suis le plus fort.

L'Allemagne porte en elle-même sa propre destinée. La ga-rantie de son intégrité et de son indépendance est dans le patrio-tisme de ses enfants ; là est tout le succès, là est toute la force.

Peuples et princes semblent le sentir. Que reste-t-il à faire, sous l'empire de cette crainte légitime et de ce sentiment universel ? Agir : se lever avec la Pologne, la Scandinavie et la France, pour IMPOSER des LIMITES à la Russie.

Là est l'ÉQUILIBRE et LE SALUT de l'Europe.

La France, qui depuis Louis XV n'a cessé de protester contre le démembrement de la Pologne, attend avec une généreuse im-patience le moment de marcher, avec l'Allemagne et la Suède, au secours de cette noble nation, qui versa tant de fois son sang pour la défense de la civilisation contre les hordes barbares de l'Orient.

Les principautés de la Turquie d'Europe n'ont-elles pas reçu de la Grèce l'exemple de l'affranchissement? Que fait sur le Bosphore le Croissant, en présence de la Croix? N'est-ce pas un outrage sanglant et permanent pour la civilisation chrétienne, de recevoir la loi de peuples qui ne croient pas en Jésus-Christ?

Habitants de la Moldavie et de la Valachie, fiers Bulgares, et vous enfants de la Roumélie, courageux Serbes, unissez vos efforts; vous tous, habitants des principautés de la Turquie d'Europe, armez-vous de la Croix :

IN HOC SIGNO VINCES.

Rappelez-vous la valeur de Constantin; marchez résolument en avant, et rejetez au delà du Bosphore le Turc, dont la domination est tout à la fois une humiliation et une injustice. Les Turcs CAMPENT en Europe; il y a quatre siècles qu'ils y campent; le jour de votre délivrance est arrivé; votre destinée vous appartient :

> Venit summa dies et ineluctabile tempus.

L'heure de l'empire turc a sonné.

Habitants de la Turquie d'Europe, la Grèce vous a donné l'exemple. Moins de six cent mille hommes ont secoué le joug de l'étranger, à force de patriotisme et de persévérance! Roumains, n'êtes-vous pas les descendants de ces conquérants du monde qui vous ont conduits dans ces contrées? Rappelez-vous la valeur de vos pères; votre liberté et votre indépendance sont dans vos mains :

> Audentes fortuna juvat timidosque repellit.

Quand l'empire turc sera rejeté de l'autre côté du Bosphore, sur les rives de l'Asie Mineure, les provinces turques feront place à l'empire d'Orient. La mer Noire ne sera pas un lac russe; l'Archipel sera ouvert à toutes les puissances; la mer Ionienne ne sera pas plus un lac anglais que la Méditerranée un lac français; la Baltique sera libre pour tous les peuples. La pondération des diverses races qui couvrent le vieux continent s'établira sans effort et sans oppression pour les faibles.

L'Angleterre et la Russie seront rassurées sur les destinées de Constantinople; leur mutuelle jalousie sera satisfaite. Si une marine forte se développe dans le Bosphore, les Anglais comprendront peut-être que le soleil luit pour tous les peuples. L'Angleterre, première nation maritime de l'Europe, ne saurait avoir la prétention d'empêcher les petits peuples de vivre à ses côtés ou sous d'autres latitudes; la Hollande prospère aux portes de Londres : pourquoi la Grèce, l'Orient, seraient-ils condamnés à périr faute de développement, quand l'histoire entière de ces peuples nous les montre comme une race si habile dans le commerce maritime.

Nous venons d'indiquer les BASES D'UN REMANIEMENT TERRITORIAL DE TOUTE L'EUROPE dans l'INTÉRÊT DES PEUPLES ET POUR LA SÉCURITÉ DES PRINCES qui les gouvernent.

Ennemi prononcé de toute révolution contre les souverains légitimes, nous ne plaidons que la cause de l'INDÉPENDANCE DES NATIONALITÉS et non l'INDÉPENDANCE DES PEUPLES soumis dans l'ordre de la Providence aux Rois et aux Empereurs. Les chefs des Empires des peuples chrétiens doivent au monde barbare l'exemple de la justice. La civilisation n'est pas autre chose que la justice appliquée au gouvernement des peuples, de même que la vertu des peuples est la pratique de la justice dans les relations de la vie et la soumission raisonnable aux Souverains.

La guerre de Crimée, l'affranchissement de l'Italie, ont plus fait pour l'équilibre de l'Europe que toutes les guerres du premier Empire, qui agitèrent le monde sans donner aux états de l'Europe cette sécurité et cette indépendance que les peuples conquis désirent légitimemement.

L'Europe veut la paix, mais une paix sérieuse, durable, basée sur le droit et la justice.

CHAPITRE IV

Le *Statu quo* est-il possible ?

Jetez un coup d'œil sur l'état actuel de l'Europe.

Une terreur secrète s'est emparée des âmes; les plus fermes caractères sont ébranlés. Un pressentiment sinistre, signe précurseur des grandes catastrophes, agite les esprits. Pas un souverain, en Europe, qui dorme tranquille sur son trône. Un seul fait exception. C'est tout à la fois le plus FAIBLE et le plus FORT. C'est le saint et illustre vieillard qui règne à Rome, calme au milieu des flots, et dont le poëte a dit : *impavidum ferient ruinœ*. Les peuples frémissent, les uns, sous le souffle délétère et énervant de la Révolution, les autres, sous une oppression violente qui rappelle les jours néfastes de Tibère et de Néron. Et le *statu quo* serait possible !

L'expédition de Crimée, la campagne d'Italie, ne sont que le prologue du drame sanglant qui doit amener la délivrance de cinquante millions de martyrs qui gémissent sous le joug tyrannique de la Russie, l'oppression cruelle et le protectorat spoliateur de l'Angleterre.

L'état actuel de l'Europe est l'œuvre des Souverains et de la Révolution. Les peuples attendent la justice de Dieu. Or, Dieu n'abandonne jamais ceux qui ont confiance en sa miséricorde.

CHAPITRE V

Il nous reste à tirer la conclusion de notre travail, et à résumer sommairement quelles sont les bases du FUTUR ÉQUILIBRE EUROPÉEN, après l'affranchissement de l'Italie.

1° Création d'un Empire du Rhin, tel que nous l'avons défini, à la place des petits Etats qui compromettent, par leur impuissance, l'indépendance de l'Allemagne, au détriment des populations.

2° Rétablissement de la Pologne dans l'intérêt de l'équilibre européen et de la justice. La Pologne doit être constituée en monarchie HÉRÉDITAIRE.

3° Affranchissement complet de l'Irlande, qui devra former une monarchie héréditaire sous un prince catholique.

4° Expulsion des Turcs de l'Europe et création d'un empire d'Orient, ou royaume de Constantinople, neutre et placé, comme la Grèce, sous la garantie des grandes puissances de l'Europe. Ce nouvel état se composerait de la Thrace ou Romélie, de la Macédoine, de la Thessalie, de l'Albanie jusqu'au Drin, et des îles de l'Archipel qui dépendent de la Turquie d'Europe. L'île de Candie devrait rentrer sous la puissance des Grecs.

5° Retour des îles ioniennes à la Grèce, centre légitime et naturel de ces îles; abandon du protectorat anglais.

6° Garantie pour la Scandinavie de l'intégrité de ses Etats, avec restitution de la Finlande, de l'archipel d'Aland, et liberté absolue des cultes pour les catholiques.

7° Garantie des Lieux-Saints par les puissances européennes.

8° Garantie des États de l'Église par les puissances catholiques, le Pape étant le plus légitime de tous les souverains.

9° Restitution de Gibraltar à l'Espagne.

10° Abandon de Malte et de Périm par les anglais. Malte serait donnée aux Deux-Siciles.

11° Vice-royauté de la Hongrie, sous un prince de la Maison d'Autriche.

12° Création d'un royaume Lombard-Vénitien. En échange de la Vénétie, de la Gallicie, de Cracovie et de la Bukowine, l'Autriche recevrait, comme compensation, la Moldavie, la Valachie, la Bulgarie, la Servie, l'Herzégovine et la Croatie turque. Grâce à la Bulgarie qui lui donnerait Varna, le meilleur port de la Turquie, l'Autriche pourrait avoir une marine militaire capable de tenir tête, dans la mer Noire, à la flotte russe, en même temps qu'elle serait une sécurité pour l'empire d'Orient.

13° Agrandissement de la Toscane par l'adjonction des deux petits duchés de Parme et de Modène.

Le duc de Parme recevrait, en compensation, le royaume Lombard-Vénitien.

En remontant sur le trône de ses pères, Ferdinand II n'aurait qu'à continuer les traditions de sa famille, pour y faire bénir un nom vénéré par la population honnête de la Toscane.

14° Garantie de l'île de Cuba à l'Espagne contre les tendances des États-Unis d'Amérique. La puissance espagnole a rendu de trop grands services à la civilisation, en Amérique, pour que l'Europe laisse dépouiller injustement le peuple qui a porté dans ces contrées les bienfaits du christianisme.

15° Indépendance du Canada sous un roi catholique.

16° Garantie de la Puissance Egyptienne contre les convoitises de l'Angleterre, par la France, l'Espagne, l'Autriche, le Portugal, la Grèce et l'Italie Méridionale. Cette puissance pourrait former un état indépendant, à cause de sa position géographique.

17° Garantie par les puissances européennes de l'ouverture de l'isthme de Suez, dans un intérêt général.

18° Vice-royauté de la Sicile, sous un prince de la maison de Naples.

19° Retour à la France de l'île Maurice (Ile de France), des îles normandes Jersey, Guernesey, d'Aurigny.

20° Retour à l'Allemagne de l'île d'Heligoland, à l'embouchure de l'Elbe. Cette île est occupée aujourd'hui par les Anglais.

21° Abolition du traité de MÉTHUEN et abandon du Protectorat anglais sur le Portugal.

On voit que, dans ce partage, la France ne demande pour elle que l'honneur d'avoir contribué à rendre la paix au monde, en donnant à l'Europe l'exemple du désintéressement.

Par ce système très-simple l'ÉQUILIBRE EUROPÉEN est fondé.

La Confédération italienne est réalisée. Le duc Robert de Parme recevant, en compensation de son duché, le royaume Lombardo-Vénitien, ferme la porte aux envahissements de l'Autriche.

Le Piémont, Etat indépendant, n'a rien à craindre de la France, et la vice-royauté établie en Sicile enlève aux Anglais pour toujours l'espérance de régner dans la Méditerranée. Les Italiens n'auront aucun prétexte pour continuer une agitation révolutionnaire où la liberté périrait infailliblement, et peut-être l'indépendance. Ils ne devraient jamais oublier leur histoire.

CHAPITRE VI

SOLUTION.

Il n'y a pour exécuter ce plan que deux moyens : un CONGRÈS ou la GUERRE.

Nous appelons de tous nos vœux un Congrès européen où soient représentés, dans une complète indépendance et avec sincérité, les intérêts, non-seulement des Souverains, mais des peuples qui ont à souffrir de la Révolution, des Annexions violentes et des Partages iniques que la conscience humaine n'a jamais ratifiés et que la justice divine n'a point sanctionnés. Pour croire à l'efficacité de ce moyen, il faudrait avoir confiance dans la Diplomatie. Nous distinguons entre les hommes et l'institution. Nous avons pour le corps diplomatique, que nous avons vu d'assez près pour pouvoir l'apprécier, tout le respect et la haute considération que chacun de ses membres mérite. Mais l'histoire explique et justifie nos doutes.

Les congrès sont peu rassurants. Pour prendre une date récente, n'avons-nous pas vu, après 1830, la Conférence de Londres mettre près de neuf ans pour enfanter un tout petit État neutre qui n'existerait pas, si l'armée française n'eût forcé le brave et intrépide général Chassé à abandonner la ville d'Anvers, qu'il occupait au nom de Guillaume Ier, roi de Hollande? C'est sans doute par reconnaissance et en souvenir de ce glorieux fait d'armes que la ville d'Anvers va voir doubler son enceinte sous l'inspiration de nos illustres alliés de Crimée, qui n'ont cru pouvoir mieux immortaliser leurs succès éclatants de l'Alma, d'Inkerman et de Balaclava qu'en plaçant la France entre deux feux, entre la citadelle d'Anvers et le Piémont, triplé en population.

La diplomatie peut régulariser une situation, mais elle est incapable par elle-même de rien fonder.

Les armes ont délivré la Grèce. Notre armée et notre marine ont affranchi les peuples de l'Europe du tribut qu'ils payaient au dey d'Alger. Partout la force est nécessaire pour faire régner la justice. La Crimée et l'Italie ont prouvé à la diplomatie son impuissance. Voilà pourquoi, tout en appelant de nos vœux les plus sincères un Congrès, nous doutons de ce remède héroïque pour les *malades* qui souffrent depuis si longtemps. La nature est un modèle excellent ; elle guérit par de grandes secousses les cas désespérés, et déconcerte les visées scientifiques des médecins par des révolutions subites qui ramènent la santé.

Si un congrès est impuissant, il reste la guerre. Voyons dans quelles conditions elle se fera.

Deux grandes Ligues se formeront pour établir l'ÉQUILIBRE EUROPÉEN, contre lesquelles l'Angleterre, la Prusse et la Russie se COALISERONT afin de résister aux coups que va porter le glaive de la justice divine. Les forces de ces trois États, réduites à l'élément national, sont :

Pour la Russie, *sans la Pologne.*	48,000,000	d'habitants.
Pour l'Angleterre, *sans l'Irlande.*	21,000,000	
Pour la Prusse, *sans le duché de Posen et les provinces du Rhin* . .	9,000,000	
En tout	78,000,000	d'habitants.

CES 78 MILLIONS se trouveront, au jour du combat, en présence des peuples suivants :

LIGUE DU NORD, pour la Pologne :

Scandinavie.	4,500,000
France.	18,000,000
Confédération germanique ou empire du Rhin.	15,500,000
Pologne.	20,000,000
États slaves (Hongrie).	10,000,000
Autriche.	20,000,000
Provinces danubiennes et turques. .	10,000,000
	98,000,000

Ligue du Midi, pour l'Irlande et la Grèce (îles Ioniennes) :

France	18,000,000
Portugal	3,600,000
Espagne	16,000,000
Italie (duchés)	1,000,000
Toscane	1,500,000
Deux-Siciles	9,000,000
Égypte	6,200,000
Irlande	6,000,000
Grèce et îles Ioniennes	1,300,000
	62,600,000

L'Angleterre, la Prusse et la Russie, n'auront donc à opposer que 78 millions contre 160 millions d'habitants. Malgré cela, la lutte sera terrible et sanglante. La Prusse sera singulièrement amoindrie ; elle subira les conséquences de son alliée l'Angleterre. Cela nous touche peu ; la Prusse n'est pas l'Allemagne. La Russie, refoulée sur son sol national, se développera du côté des Indes, où elle rencontrera son ancien alliée de coalition, l'Angleterre, son ennemie naturelle. Qu'importe à l'Europe ! Resserrée dans son île, l'Angleterre ne sera plus l'effroi des faibles et le foyer ardent des révolutions qu'elle exploite à son profit ; voilà le POINT CAPITAL.

Nous n'avons pas hésité à placer l'Autriche dans la *ligue du Nord*. Appelée à recueillir une partie des débris de l'empire turc, elle devient la grande puissance de l'Est, ayant pour tampon, contre le choc de la Russie, l'empire de Constantinople et la Grèce, comme la France, la grande puissance de l'Ouest, est garantie des contre-coups de l'empire Moscovite par la Scandinavie, qui forme l'aile gauche de son avant-garde vers le Nord.

La Pologne et l'Empire du Rhin sont le centre de cet équilibre où l'Europe trouve la justice, dans le présent, et la sécurité pour l'avenir.

C'est une guerre générale, dit-on, qui s'ouvrira ! elle sera terrible ! Cela est vrai ; mais elle amènera inévitablement le résultat que nous venons d'indiquer.

Cette guerre coûtera peut-être deux millions d'hommes à l'Europe et 25 ou 30 milliards, si elle se prolonge ! — C'est un malheur !

Mais les riches et les égoïstes du siècle, que des hommes de dé-
vouement et de talent ont défendu résolument dans les mauvais
jours de 1848 et 1849, finiront par comprendre, un peu tard,
que les peuples qui souffrent, que les dévouements, méconnus,
écartés par l'intrigue et l'ambition insatiable de serviles courti-
sans, comptent pour quelque chose dans les destinées du monde.
Le luxe corrupteur, qui promène son insolente nullité dans nos
grandes cités, se fera vertueux par nécessité ; ce châtiment pro-
videntiel ramènera à une salutaire humilité ces parvenus de toute
race, qui n'ont d'hommage et d'adoration que pour les éner-
vantes voluptés d'un sybarisme abrutissant. Trop d'hommes de
cœur souffrent ici-bas, et dans leur conscience et dans leur existence ! La justice de Dieu est là ! Nous y croyons fermement et
nous l'invoquons avec une foi profonde.

Il n'y a d'espérance de salut pour ces généreuses victimes que
dans un noble désespoir. Comme les vaincus de tous les siècles,
ils peuvent s'écrier avec le chantre immortel des grandes dou-
leurs :

Una salus victis nullam sperare salutem.

Les Souverains qui ont le sentiment de la justice s'exposeront-
ils, par un orgueil opiniâtre, à maintenir sous leur sceptre des
peuples violemment annexés, qui veulent vivre de leur vie, et qui
n'aspirent à l'indépendance que par ce sentiment naturel dont
Dieu seul est l'auteur ?

La question est posée à la face du monde et de l'histoire ! Nous
n'avons pas un mot à ajouter.

« *Et nunc reges intelligite, erudimini qui judicatis terram.*
— *Et maintenant instruisez-vous, arbitres du monde !* »

Francfort-sur-le-Mein (Allemagne), le 30 juin 1859.

Les événements qui se sont passés depuis la paix de Villafranca
ne font que confirmer le travail que nous avons fait il y a un an,
sous l'inspiration des Allemands ; le moment de le publier était
arrivé.

Auteuil (Seine), le 3 juin 1860.